Heinrich Wismeyer

Fürs
boarisch Gmüat

Mit Zeichnungen
von Trude Richter

©Verlag UNI-Druck, München 1980
ISBN 3-87821-165-1
Zeichnungen: Trude Richter

Inhalt

A Sprüchal voraus 6

Im Stoi vo Betlehem 9
   A Dachluckn 11
   Spinnawebn 12
   Balkn unterm Dach 13
   's Schwoibnnest 14

Zu drei Buida vom Leibl 17
   Frauen in der Kirche 18
   Die Spinnerin 21
   Dorfpolitiker 24

I geh ins Theata 29
   Die Gardrobfrau 30
   Der Loschndiener 32
   Ganz vorn dro 35
   Z'spaat kemma 37
   Am Juche drom 39
   Was s' oiß oham 42
   Dem gfoits – dem net 45
I schaug ma Tosca o 51

Oiahand um an Kreiza	59
Oktober werds	60
Kirchabänk	62
's Windweibal	65
A Kindaliad	68
Unsa oide Orgl	70
Scheeballnschlacht	73
An Berg auffi	74
Auf a oids Kanape	76
A arma Tropf	78
So muasst as macha	80
A neis Haus werd gweiht	82
Brennt hats	83
Gruass aus Wörishofen	85
A Kind kimmt auf d' Wöit	86
Zruck aus der Kur	89
Auf Urlaubskartn	91
A Versal fürs Gästebuach	93
„Boarische" Moritat	95
Ois Zuawaag: A neia Filserbriaf	103

Der Dichter mecht, die Versaln soin
ans Ohr wia Musi klinga.
Der Buidlmacher huift, daß d'Vers
ins Herz no tiafer dringa.

A SPRÜCHAL VORAUS

I sitz im Opalehnstui
heraussd auf mei'm Balkon.
Die Berg, die grüaßn rüba,
schee warm scheint her die Sonn.

Da wachan auf die Versaln
drinn in mei'm Dichterhirn;
die purzln durchananda —
i brauch s' bloss aussortiern.

Wenn 's Reima kimmt ins Stocka,
schnapp i nach Mist-Ozon,
den 's Lüftal vom söin Haufa
herwaht zu mei'm Balkon.

Im Stoi vo Betlehem

Vui Dichta ham scho Versaln gmacht
aufs Kind vo Betlehem,
ham dicht' a Liad aufs heilge Paar,
wia 's kniat so fromm danem.

A d'Hirtn, Ochs und 's Eslviech
san oft scho bsunga worn —
gar oiß, was hoit so zuawighört,
wia 's Kindl is geborn.

Umgschaugt hab i mi gnau im Stoi,
bis d' Augn san hänga bliem
an Sachan kloa, vo dene no
koa oanzga hat ebbs gschriem.

A DACHLUCKN

Vom Krippnstoi des Dach muass sei
voi Luckn, oid und schlecht,
dass bei der Nacht der Suibamond
aufs Kindl scheina mecht.

's tuat weh, wann von deim Dach der Wind
diam waht a Schindl ro.
's is guat für di, weil na von om
a Liacht reischeina ko.

D'SPINNAWEBN

Die Engal hättn sauba gmacht
den Stoi mitn Schrubberbesn:
so koost as heit no in die sölln
Legendnbüachaln lesn.

A Spinnawebn hams übersehgn.
Siegst dro an Rauhreif hanga?
Tuat net die Spinnwebn wiara Stern
am Christbaam glanzat pranga?

BALKN UNTERM DACH

Liabs Kindl, mach dei' Äugal auf!
Vom Dach schaugn Balkn ro.
Mit söllan Hoizzeig kriagst as z'toa
ois glernter Zimmermo.

Drei Kreiz werns bstelln beim Zimmermo —
sei Nama nirgads steht.
Aufs mittla Kreiz werns auffischreim:
„Jesus von Nazaret!"

'S SCHWOIBNNEST

Die Vogaln kloa, die kuschln si'
schee warm im Nestal zsamm.*)
Ois Wandersmo werd unser Herr
koa Ruah, koa Hoamat ham.

Auf d'letzt, da legn s'n nei ins Grab,
a Stoa versperrt die Tür.
Im Busch danem a Schwaibal kloa
singt eahm sei Liadl vür.

*) vgl. Mat. 8,20

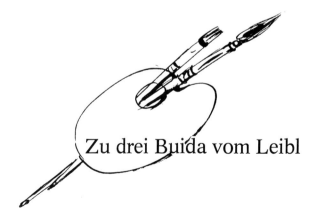

Zu drei Buida vom Leibl

FRAUEN IN DER KIRCHE

Jung die oa. Voi Bleamalzeig
steckt im Miada 's Tüachl.
Aufm Schoß hats in die Händ
fromm ihr Andachtsbüachl.

Muass ebbs gsuacht ham in dem Buach;
stecka drinn no d'Finga.
Auf amoi machts d'Augn zua,
denkt an andre Dinga.

Er werd ihr hoit liegn im Sinn;
hat ihr d'Liab vasprocha.
Diam hat oana in da Fremd
scho 's Vasprecha brocha.

Z'mittn drinna 's Ahndl kniat;
's Buach ko s' kaam dahoitn.
's Kopftuach schwarz foit tiaf ins Gsicht,
runzlat, voia Foitn.

Krumm der Buckl — ja des kimmt
vom vuin Müahn und Schindn.
Gfalln in Frankreich san zwoa Buam —
des koo s' net vawindn.

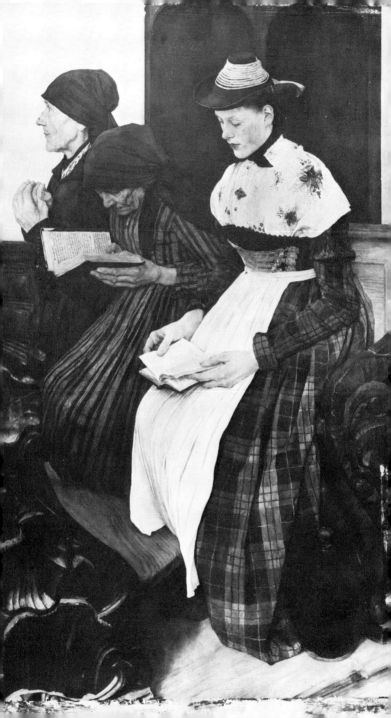

Nachn Alter taat die Dritt
einighörn in d'Mittn.
Sie alloa vo alle drei
braucht koa Buch zum Bittn.

Siegst, des waar hoit 's schenst' Gebet,
des vo drinn tuat kemma.
Mächtst da net an dera dort
a guats Beispui nehma?

Sag net: ,,Mir foit do nix ei,
find koa Wort zum Betn."
Glaabs: der Herrgott woass a so,
was dir is vonnötn!

DIE SPINNERIN

Die Stubn is voller Dämmernis;
ma mächts schier finsta nenna.
Muasst lang hischaugn, bis d' endli oiß
mächtst ausananda kenna.

Z'lang werds net dauern, nacha is
d'Sonn hinterm Dach verschwundn.
D'Vorhangln kriagn an letztn Schei.
Siegst d'Fleck am Bodn druntn?

Die Junge auf der Fensterbank
tuat grad a Jopperl stricka.
Es hat no Zeit, bis kimmt ebbs Kloans;
sie braucht si no net z'schicka.

A Madl soits hoit gar z'gern sei —
e r taat an Buam begrüassn.
Hörts auf mit dera Streiterei,
lassts d'Freid enk net vadriassn!

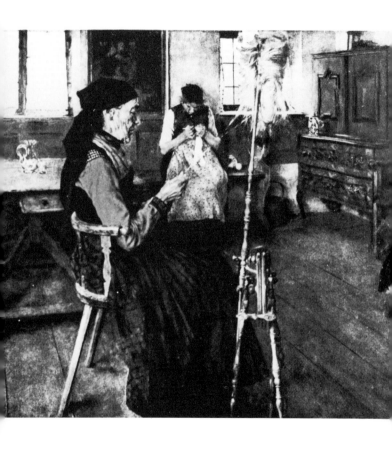

D'Grossmuatta, die denkt anderscht rum,
wia's gwen is z'früherszeitn.
's Spinnradl schnurrt — und tuat ganz fei
des Nachstudiern begleitn.

Abgrackat d'Händ; des Gsicht, der Hois
san hutzlat, voia Foitn.
Nix ois wia Arwat, Werkln, Plagn
wars Lem vo dera Oitn.

Ernst is ihr Gschau und schwarz ihr Gwand
nach oida Bauernsittn.
Aus so vui Schwarz da leucht' grad raus
der rote Ärmi z'mittn.

A guata Rat: Wanns finsta werd,
wart mitn Liachtozindn!
Soist zwischen Tag und Dämmernis
hi zu dir selber findn.

Setz' di zur Junga hi auf d'Bank
und frag: Wia gehts morgn weita?
Soist net ,,ob Bua, ob Madl" fragn —
's gibt oan, der is der Gscheita!

Passt da ebbs net: Schaug d'Oma o,
denk an die frühern Zeitn!
's Spinnradl schnurrt — beim Spintisiern
da geht der Blick in d'Weitn.

DORFPOLITIKER

Jetz werds — hat si der Leibl gsagt —
schö langsam höchste Zeit,
dass endli kemma d'Manna dro
nach so vui Weiberleit.

Schia oi sans oite Krautera,
die wo da horcha zua.
Der mit 'n Schurz, des is der Wirt,
strumpfsockat, ohne Schuah.

Da sitzn s' auf der Eckbank hint
zu fünft dick beianand.
Der mit der greana Zipflhaum
hat d'Zeitung in der Hand.

„Da stehts im Blattl, schwarz auf weiss:
England fahrt aus der Haut,
weil Kaiser Wuihelm in oan furt
no mehra Kriagsschiff baut!"

„Da siecht ma 's hoit: Er is a Preiss!
Des tuat auf d'Läng koa guat.
Mir Boarn waarn bessa bliem alloa.
Na — oiß muass in oan Huat!"

„Wanns gang nach mir, da müassat heit
zu Östreich Bayern ghörn.
Na kannt der Preiss drom in Berlin
net unsern Friedn störn."

„Hörts zua: Weit drunt in Afrika,
da möchtns Kolonin!"
„Lassts do die Schwarzn ihra Ruah!"
„I sag: der Wurm is drin!"

„Werds sehgn: Banana und soichs Zeig
werns schicka zua uns her."
„Und unsre Buam, die transportierns
ois Bsatzung über 's Meer!"

„Und ganz auf d'letzt: Da hast an Dreck!
Da stehts: Die gelbe Gfahr!"
„Am Schluss haut nacha der Chines
oiß zsamm mit Haut und Haar!"

So gibt a jeda von de fünf
sein Senf zur Politik.
Sie streitn net, sie bleim ganz staad,
des siehgst am erstn Blick.

Wanns nacha schee staad finsta werd
und 's Lesn geht net mehr,
na sagt der söll mitn Stopplbart:
„Jetz muaß a Obstla her!"

I geh ins Theata

DIE GARDROBFRAU

Sie grüaßt mi scho vo weitn;
mir san ja lang bekannt.
Sie woaß mein Platz; drum hats scho
mei Nummer in der Hand.

Vors ogeht, is's no gmüatli,
da tröpfln rei die Leit.
So bleibt na hi und wieda
zu an kloan Schmaaz *) a Zeit.

„Die Rheingoldinszenierung —
so was wern S' seltn hörn!"
„Der Heinze und Konsortn,
die san ma zu modern!"

Teans na drinn spuin und singa,
machts ihre Vorhäng zua
und strickt an ihre Socka
fürn Mo in aller Ruah.

Am Schluss da hoaßts na renna;
a jeda wui sei Sach.
D'Frau Meier, die hat Nervn.
Ihr Spruch: „Oiß nach und nach!"

Zwoa Arm voi schware Mäntl
zarrt her die guate Frau;
fischt Hüat und Schirm und Mappma
gschwind raus aus dem Verhau.

Mit Kleiderschurz und Häuberl
schaugt sie blitzsauba aus. —
Kaam sie heit net, na gabs glei
a Loch im Opernhaus.

*) Schmaaz = Plauderei

DER LOSCHNDIENER

I kenn, a weni rum um d'Eckn,
an Pensionistn von der Post.
Der suacht si nebnbei so a Schanzal.
Er sagt: „Wer rast', der rost'!"

Nachtwächter werd er. Is's stockfinsta,
na muass er rumgeh mit sein scharfn Hund.
In jedn Hausgang leucht er eini
und schebbert mit sein Schlüsslbund.

Bis nacha so a Bankeibrecher
eahm oane haut am Schädl nauf.
Ebbs Ruhigas suacht er, wost net
so leicht muaßt neischaugn in' Revolverlauf.

Bin ahnungslos in d'Oper ganga;
zoag d'Kartn her — wen siech i steh
ois Loschndiena mit an Packl Heftal?
Mein Postlernachbarn in Livré!

Der Frack fürs Bäuchal z'eng bemessn,
schee himmiblau, mit Suibabortn.
San Festspui, na gibts Schnallnschuah druntn
und Hosna, bei die Knia z'sammbundn.

„'s Programm oanszwanzg!" Er suacht im Taschl
und tuat, ois ob er rausgebn mächt.
Er ko ums Sterm koa Kloagöid findn.
„Na, lassn Sie's — es is scho recht!"

's gibt Leit, die wo nur söitn kemma.
Mit dene macht er net vui her.
Ganz anderscht bei die Abonnentn;
da is der Ton ganz familiär:

„A Glück hams heit, Herr Bankdirekta!
Ois Gräfin springt d'La Casa ei!" —
„Frau Müller, zletzt hams gschickt 's Freiln Tochta.
Sie wern ma do net krank gwen sei? "

Des Liacht geht aus, 's dritttmoi hats gleit':
Jetz is's zum Türzuamacha Zeit!
Kimmst z'spat und hängt da raus dei Zunga,
hoassts: „Erscht wenns Vorspui is verklunga!"

Am Gang werds staad auf alle Seitn;
die Musi hört ma wia vo weitn.
An Nicka macht der Loschnmo,
bis 's Klatschn drinn geht wieder o.

Am Schluss muass er gschwind Kassa macha.
Nei ins Zivilgwand — hoam ins Bett!
Morgn d'Meistersinga! Wann der Wagner
die nur net gar so lang gmacht hätt!!

GANZ VORN DRO

Je weita daß d' vormägst
im Theataparkett,
um so gschmoizna die Preise.
(Wann i Göid nur gnua hätt!).

I kenn oan, der gratis
sitzt am weitastn vorn,
für den des Tarifgsetz
eigns durchlöchert is worn.

Er zahlt nix; findt oiwei
sein Platz reserviert.
Ja, glaab mas, er werd no
für sein Sitz honoriert.

Mächt dengascht net tauschn
mit dem söin da vorn dro,
weil der koa Sekundn
a weng Ruah findn ko.

Sei Kopf, der schaugt aussi
ausm Häusl mitn Dach;
hat a Buach, fahrt mitn Finga
Zeiln für Zeiln haargnau nach.

Werds kritisch, na hörst 'n,
wiara dene eisagt.
Der Herr Graf woass koa Antwort,
wia'n die Gräfin ebbs fragt.

Taat er für oan Augnblick
vo sein Büachi schaugn weg,
na waar ferti der Umschmiss
und oisamt lagn s' im Dreck.

Am Schluss, wenn d'Leit patschn,
daß 's oan schier vaschlagt 's Ghör,
macha s' oisamt a Buckal —
bis aufn Sufflör!

Z' SPAAT KEMMA!

Scho dreimoi hats klinglt,
's ganze Haus is voi Leit.
Bis d'Lampn wern ausdraht,
dauerts bloss kurze Zeit.

Die Manda am Eingang
nehma d'Klinkn in d'Händ —
da kimmt, Tempo-Tempo,
oana no dahergrennt.

Ma taat si net aufregn,
wann sei Platz waar am Eck,
oder wann er zaundürr waar
mit an Bauch ohne Speck.

Aba na, dem sei Numma
is akkrat mittn drinn.
Jetz müaßn s' oi aufsteh
no kurz vor Beginn.

Er stammlt: „Entschuidign S' "
und druckt sie vorbei.
Die Leit, dene stinkt a,
lächln freindli ums Mei.

Er murmlt sei „Dankschö";
a paar Knöpf nimmt er mit.
Des Freiln, goldsandalig,
kriagt auf d'Zeha an Tritt.

AM JUCHHE*⁾ DROM

A bsondre Rass koost findn
am Juchhe ganz da drom,
wo d'Platz für die Studentn
für weni Göid san z'hom.

Schier unterm Dach, da kanntst glei
an Höhenkoller kriagn.
Und 's Herz, des muass fei guat sei:
sie nimmt koa End, die Stiagn!

Und wuist aufs Eisnglanda
di loahna ganz weit vorn,
soist fragn an Dokta: „Bin i
a schwindlfrei geborn?"

*) Juchhe = Galerie

Fürs Aug gibts an der Rampn
zum Obischaugn net vui.
Muasst vorher lesn 's Textbuach,
dass d' woasst, wia geht des Gspui!

Diam schaugn grad d'Haxn aussi —
wem wern denn die woi ghörn?
Was zoagn hint die Kulissn,
des muass daratn wern.

Ganz hint san a paar Bankal;
's Zuaschaugn hat da a End.
Wer feine Ohrn hat, der is
dort in seim Element.

Weils d' Polizei so vorschreibt,
gibts blaue Lampaln nur.
Da steckans ihre Köpf nei
in d' Tristanpartitur.

Vui Haar und 's Hemad offa,
vageistigt hockans dort.
Und diam führt oan sei Denka
im Traam ganz weit, weit fort:

Im Frack, mitn weissn Binder
siecht er da drunt sich steh:
Er dirigiert als Maëstro
die Carmen von Bizet...

Da reißts 'n auf — d'Leit klatschn,
die Liachta wern okendt.*)
Er schleicht si naus in d'Pausn
ois arma Musikstudent.

*) okendt = angezündet

WAS S' OISS OHAM

Ohne richtigs Sunntagsgwand
hams zu früherszeit di net
    ins Theata lassn.
Dupft auf d'Schuita der Portié,
deut' auf d'Tür hi — und du stehst
    draussn auf der Strassn.

Heit kost oziagn, was di gfreit,
wia am reinstn Maschkratag —
    's guit koa Etikett!
Höchstns, wann im Lendnschurz
oana kaam,
   na taat ma sagn:
„Sie,
des geht fei net!"

Die da drübn, an Buckl nackat,
vorn dro bloss a winzigs Latzal;
    oiß, was s' hot, zoagt s' her.
Zehanägl rot ogmoin.
Obn is Stoff gspart, dafür d'Hosn
    weita um so mehr.

Is da oana nebn mir gsessn
mit Sandaln, d'Füass ohne Sockn,
    's Hemad voia Dreg.
Haar grad wia im „Ring" der Fafner
und vo seine Bludschin-Hosn
    stenga d'Fransn weg.

Nemdro oane wia vo Miesbach:
's Miada blau, und 's Schürzal rosa,
    's Kettal um an Kropf.
Suibagschnür glanzt dro am Miada;
d'Haar san gflochtn, aufgsteckt zu an
    Kranzal om am Kopf.

Siegst den Mo, den mitn Smoking,
gscheckat, mit so Blumamuster
    wia a Bettvorlag?
Lauta Rüschal weiss am Hemad;
vorn a Taler an der Kettn.
    Was der kost' ham mag?

Die is weit hergroast vom Ganges,
hat a seidas Gwand umgschlunga
    bis am Bodn drunt.
Ohrring bis auf d'Schuita abi,
's Armal von an Reif umschlänglt,
    Goid, mit Stoana bunt.

Ja, so is 's heit im Theata:
Alle kemmas — nobl, gschlampat —
    drinna friedli z'samm:
Biedermeier — indisch — boarisch:
Koana fragt — echt demokratisch —
    nach dein Rang und Nam.

DEM GFOITS — DEM NET

1.

Bei de Germana z'früherszeit
hats andre Sittn gebn wia heit.
San gsessn auf die Bärenmattn
bei de Gemeinderatsdebattn.

Wann s' san zur Schlussabstimmung komma,
na hat des Wort der Häuptling gnomma:
„Wer von eich wui, dass 's so gmacht werd,
haut auf sein Schuid mitn blankn Schwert!"

Jetz san die Bräuch nimma so wuid,
ganz unmodern san Schwert und Schuid.
Stimmst jetz mit ab bei uns zuland
und bist dafür, hebst staad dei Hand.

Vo dem, was d'Vorfahrn scho ham triebn,
is' s'Beifallklatschn überbliem.

Ob woi die oitn deitschn Hordn
scho Buh gschrian ham beim Raubn und Mordn?
Wer mitschreit heit beim Buhspektakel,
der is ganz gwiß a gscherta Lackl.

2.

Zerscht summts wia in an Bienahaus,
a jeda schnattert si no aus.
A so a Ratscherei is gsund,
wannst staad na sitzn muasst drei Stund.

Ganz druntn im Orchestergrabn,
da hörst as tutn, quitschen, schabn.

A jeda üabt no schnöi sei Sach —
des gibt mitnand an Heidnkrach.
Es Lumpn, hätts dahoam eich plagt;
's is z'spaat, wann eich jetz 's Gwissn schlagt!

Oboe A — kurz spitzns 's Ohr:
na weita, ärger ois zuvor!
So werglns oisamt auf hautsdrei.
Soi des am End gar d'Hauptprob sei?

Wia nacha d'Lampn genga aus,
werds langsam staad im grossn Haus.

Was hams denn jetz auf oamoi d'Leit?
No hörst und siegst nix weit und breit,
da fanga s' scho mitn Klatschn o.
Is ebba gmoant im Frack der Mo,

der si dort windt durch d'Notnstanda
und macht a Buckal übers Glanda?
I klatschn? Des waar no des Scheena!
Zerscht möcht i sehgn, ob s' ebbas kenna!

Vo jetz o is oiß Aug und Ohr.
Wann freili so a Pfundstenor
hoch auffistemmt sein Arienschluss
dem Publikum zum Hochgenuss,
na teans den Mo durch Klatschn zwinga,
dass er des Stück muass nomoi singa.

Wer schlau is, spart si auf sei Kraft,
dass er's am Schluss no tüchti schafft,
wann d'Sänga aus der Vorhangluckn
rauskemma und si abibuckn.

Zerscht hängas zsamm wia an a Kettn
vom schwarzn Bass bis zur Subrettn.
Wann jeda oazeln aussikimmt,
werd 's Klatschn ganz gnau drauf abgstimmt,
ob oana hat die Herzn gwonna.
Wann net, na teans 'n net verschona.

I hoit des wirkli net für schlimm,
wann oamoi überschnacklt d'Stimm.
Die arme Haut muass 's Buh hinehma,
weil ihr a Brösal is neikemma.

Buh schreins im Haufa beianand —
vo Schwabing sans, des kennst am Gwand.
Des mog i fei: zerscht nixn zoin,
am Freiplatz sitzn — und krawoin!

Oan ziagns jetz raus im schwarzn Frack,
dem rinnt der Schweiss hint nei ins Gnack.
Des ko bloss sei der Dirigent —
a ohne Steckerl in die Händ.

Da klatsch i mit! Da werds oan warm,
an Omd lang fuchtln mit de Arm!

„Herr Nachba, sagns: Wer werd des sei,
den s' jetz no zarrn auf d'Bühne rei?"
„Der in Zivil? Der Regissör!
Werns sehng, des gibt glei a Malör!"

Tatsächli hams auf den a Wuat,
weil er mitn Liacht so sparsam tuat.
An ganzn Omd wars schwarz und grau
wia 'n Radames sei Grabesbau.

Jatz kimmt zum Buh no's Pfeifkonzert.
Sie, meine Herrn, des is fei gschert!
(D'Hausschlüssl san heit kloa und zierli;
taugn net zum Pfeiffa — ganz natürli!)

Der werd si deswegn kaam aufhänga,
weil d'Leit sei Kunst no net verstenga.
A zwoatsmoi traut er si net raus —
des Buh geht unter im Applaus.

Die Stüi wern langsam laar und laara;
die Beifallklatscher die wern rara.
Oa Patscha no — a zwoata, dritta,
wias Donnern abziagt nach an Gwitta...

3.

So gengas hoam, schee nachananda.
I loahn mi draussd ans Treppnglanda,
studier a wengal vür mi hi.
Jatz rat, auf was i kemma bi?

Die Sänga, die Orchestaleit
und oisamt, die ham mitto heit —
die vo da drunt und die vo drom,
ham ihrn verdientn Lohn eigschom.

Da stutz i: Hoit, mei Freindal, hoit!
So is der Mensch, vergisst eiskoit,
dass vui ham müassn schuftn, renna,
die mir vo vorn net sehgn ham kenna.

Pressiern tuats oiwei bei die sölln,
wo die Kulissen tean umstelln.
Die müassn leis mit Filzschuah schleicha,
weil draussd piano spuin die Streicha.

Da muass a jeda Handgriff sitzn;
oiß Schlag auf Schlag — da kimmst ins Schwitzn!
Hättn a verdeant vorm Vorhang drauss
für eahna Gwerkl an Applaus!

Wer macht, dass 's dunkl werd, boid hella?
Des san die andern drunt im Kella.
Wia d'Haftlmacha passns auf,
dass 's Liacht stimmt zu dem Handlungslauf.

Fürn Bart, d'Peruckn sorgn d'Frisör;
des Kabl legt der Strommontör.
A andra schmiert aufs Gsicht die Schmink.
Fehlt wo a Knopf, huift d'Nahtrin flink.

Und d'Vorhangzieher, vui Statistn —
omei, des gaab a lange Listn!
Soin alle die an Dank vermissn,
die gschuft ham hinter die Kulissn?

Scho liegt ma 's Bravo auf der Zung,
zum Klatschn hol i aus mit Schwung: —
Bi dengascht staad, wenn d'Hand a juckt.
D'Leit kunntn sagn:
      „Der is verruckt!"

I schaug ma Tosca o

I SCHAUG MA TOSCA O

Bin nach Verona *) abigfahrn,
so wia si's ghört für Opernnarrn.
Frag net: die hartn, stoanan Bänk —
mir tuats no weh, wann i dro denk!

Aida waar am Zettl gstandn.
Doch die Kamöi und Elefantn,
die s' beim Triumphzug umiführn,
ham müassn d'Viehseuch auskuriern.

„Dafür spuins Tosca", so werd gmeldt.
Mir wars ja wurscht — kosts selbe Göid!

Aus Kunststoff hams an Dom aufgricht,
die Englsburg hat ghabt a Gsicht.
A Prozession mit Kreuz und Fahna,
vui Ministrantn, Weiba, Manna.

Oans muass ma lassn dene druntn:
Hab niamois auf oan Haufa gfundn
a soiche Sängerqualität —
Eins-A oisamt von A bis Zet!

Und do: Was nutzt mi 's hohe C,
wenn i koa oanzigs Wort versteh?
Mit Müah und Not reim i mir z'samm,
was' mit der Singerei gmoant ham.

*) Opernfestspiele in der Arena

A Mala moit an da Stafflei;
na gibts a Riesnstreiterei.
Sie hat an Zorn, weil des Porträt
grad dera andern gleichsehgn tät.

Auf den mit Uniform und Huat
hab i von vornrei ghabt a Wuat.
Er ladt die Tosca ei zum Essn.
Ma spannts: er is auf sie versessn.

Na' zarrns oan nei in d' Folterkammer.
Er schreit — sie hörts — a so a Jammer!
Der Kommissar wui 's Lebn eahm schenka.
Wer taat denn da an Schwindl denka?

Sie moant, es san bloss Platzpatrona —
und scho is 's Bluat eahm abigronna.
Des große Unglück gschicht am Schluß:
Die Tosca landt im Tiberfluss . . .

Im Hoamfahrn denk i: Hat des Göid
z'Verona drunt sein Zweck verföit,
wo zum Verzähln i oans bloß hätt:
„Schee gsunga hams — mehr woaß i net!"

Zum Kuckuck mit de Italiena!
Des waar ja do des Allerscheena.
Wannst du die Tosca wuist versteh,
brauchst bloss in d'Münchner Oper geh!

Ganz vorn an Platz wui i mir nehma;
koa Wörtl net soi mir auskemma!
— — —
Scho sitz i nobl im Parkett.
(Sündteier fei, so a Billet!)
Tua mi in' samtna Sessl loahna —
schee woach gegn die Verona-Stoana!

Jetz geht der Vorhang ausanand.
Derfst glaam, i bin aufs höchste gspannt.
's muass kemma, gnau wia in Verona:
der Mesner, abz'staubn die Madonna.

Der Maler malt an der Stafflei —
vom Gspusi is 's a Konterfei!
Die ander' kimmt und redt eahm drei.
Jetz schnauft er tiaf, na setzt er ei . . .

Hat mir da oana mit an Stecka
oans auffighaut auf d'Schädldecka?
I hätt am liabstn mein Verdruss
dertränkt samt mir im Tiberfluss.

Wui am Theaterzettl schaugn
und hoit 'n hi ganz nah vor d'Augn:
Da steht im Heftl dick und breit,
dass gspuit werd italienisch heit!

Kaam hams an Vorhang abilassn,
steh i scho draussn auf der Strassn.
Und draussd — des geht ma grad no o! —
schütts wia mit Schaffln, was's nur koo.

Im Spatnhaus a Masserl Märzn —
da werds glei ruhiger drin im Herzn.

I denk, geht oana rei zur Tür:
„Setz di fei ja net her zu mir!
Tua mi um Himmiswuin net fragn,
was si' in Tosca hat zuatragn!"

Oiahand um an Kreiza

OKTOBER WERD'S

Alle Farm moit der Hirgscht
   an de Baam.
So a Wunda, a Pracht —
   kaam zum glaam!

Drunt im Moor 's birkat Laab
   kimmt zerscht dro.
Runtagwaht vo de Ast
   tanzt's davo.

Feuerrot leucht' der söi
   Buachawoid.
Rot der Bo(d)n, da wo's Laab
   owifoit.

Auf oan Haufa werd 's Laab
   z'sammakehrt,
dass aus Moder und Staab
   's Le(b)n neu werd.

KIRCHABÄNK

's Räubapack werd heutzutag
oiwei frecha, wuida.
Aus die Kirchn stehln s' uns raus
Leuchta, Heilignbuida.

Gottseidank, dass d'Kirchabänk
z'schwaar san zum Mitnehma;
waar ja sonst des Lumpenpack
längst dahintakemma.

Kunstvoi hats a Meista gschnitzt
voia Hoizzieratn:
Bleami, Blattln, Blüatnzweig
ziern die Eichnplattn.

Gschwunga sans vo unt bis om,
Schneckn an die Endn.
Heutztag taat koa Schnitzer mehr
so vui Zeit vaschwendn.

Bänk san net zum Oschaugn da —
kimm und knia di eini!
Werst na allerhand dalem —
d'Freid vageht da schleini.

Vorn und hintn is oiß z'eng;
's Steh werst kaam zsammbringa.
Kniast di hi, na hörst
alle Engl singa.

Mächtst — an alle Knocha lahm —
sitzad a weng rastn,
findst koan Platz für deine Knia
in söin Marterkastn.

— — —

Bauern, warts! Im Himmi drom
hat a End des Schindn.
Dort kriagts samtne Poistabänk —
büasst habts enkre Sündn!

D'Stadtleit müassn na auf eich
neidi umischiagln;
müassn, weil Gott is gerecht,
blank am Bodn kniagln!

'S WINDWEIBAL

Im Geranienkistl
drinna
steckt a Stanga.
Siegst, wia obn des Weibal
farbi
in der Tracht tuat pranga?

Hat am Kopf a Hüatei,
glanzat
grea, so wia z'Tiroi.
Fest an' Kopf is higleimt,
dass 's da
Wind net wegwahn soi.

Streckt ganz steif sei' Armal
aussi,
ogmacht mit an Draht.
In die Händ a Feder,
wia s' da
Falk am Flügl hat.

Kimmt daher a Weda,
blast da
Wind aus jedn Eck,
na' muass fuchtln 's Weibal,
dass 's eahm
d'Armal schier reisst weg.

Heit is's windstaad, moant ma,
und koa
Lüftal is zum spürn.
Schaug, die Arm vom Weibal
tean si
dengascht a weng rührn.

Warum ham s' koa M a n d l
auffi
gsteckt auf die söi Stang?
Hätt was auf da Zunga —
trau ma 's
aber net laut z'sagn.
(Wissats;
aber d'Weibsleit kenna
gar koan Gschbass vatragn!)

A KINDALIAD

Mei Buppei im Wagerl
grat' im Bravsei mir nach.
Es woant net, lacht aussi
unterm Wagerl seim Dach.

Mei Buppei im Wagerl
fahr i weit rum im Land
und zoag eahm, was Scheens gmacht
hat an Herrgott sei Hand.

Mei Buppei im Wagerl
werd auf d'Nacht schlafri müad.
Na sing i, dass 's eischlaft
von de Sterndal a Liad.

Mei Buppei im Wagerl
friert im Winta gar nia.
Decks zua, dass nix rausschaugt
ois wia 's Stupsnaserl schier.

UNSA OIDE ORGL

Jetz hams unsa Orgl
ins Museum neibracht.
Sie is scho recht oid gwen,
hats hoit nimma damacht.

Bevor dass s' die Orgl
aufn Wagn ham aufgladn,
hab i spuin woin no oamoi —
i habs kenna net gratn.

Kimmt raus bloss a Gseufaz
und a Pfeifaz — o Schreck!
Des is net zum Ohörn;
i tua d'Händ schleini weg.

Jetz stehts im Museum;
aba frag mi net, wia!
Ganz laar is der Kastn,
dass i woana kannt schia.

's is bliem bloss der Rahma
voller Schnitzwerk rundum,
vorn dro a paar Pfeifn —
aba die san ganz stumm.

Druckst auffi auf d'Tastn,
na kimmt aussa koa Ton;
koa Liad net, koa Musi —
is des net Spott und Hohn?

— — —

Aufspuit si diam oana;
moanst glei, was der scho waar.
Mächtst schaugn, was dahinta,
na is drinna oiß laar.

Der is wiara Orgl,
schee vo aussn verziert
wia dort im Museum:
aba drinn is koa Liad!

SCHNEEBALLNSCHLACHT

Tiaf bucka muasst di, merk da 's,
wann herschmeisst der vo drent!
Drauf schleini nachipfeffern,
solang dem laar san d'Händ!

Und is na gstürmt die Festung,
gehts drum, wer eireim koo
den andern, bis dem 's Wasser
rinnt koit an Buckl ro.

Wia überoi, so kimmt a da
des dicke End erscht hintn:
Z'haus jammert d'Muatta: „Eia Gwand,
des koost ja schier auswindn!

Marsch, nauf in d'Kammer — aba schnöi!
Ziagts trockne Sachan o!"
Und lang brummt s' no so furt — der Franz
denkt: Schee wars do!

AN BERG AUFFI

A jeda, der ebbas
vom Bergsteign versteht,
der woaß, dass 's an Berg nauf
nia kerzngrad geht.

Zur Unterkunftshüttn,
am Fuass von de Wänd,
muasst hatschn im Zickzack,
ois kaamst an koa End.

A diam siegst scho d'Hüttn
zum Greifa so nah.
Nix wahr is! Scho wieda
a Kurvn: Ha—ha!

Sagt oana: „Habs eili.
Des Eck schneid i o!"
Koo sei, dass er boid drauf
recht saudumm steht do.

Net vorwärts, net ruckwärts —
da Fuass findt koan Hoit.
Und zletzt koo's passiern,
dass er d'Wand obifoit.

Im Lem is's akrat so,
dass jeda gern mächt
auf d'Hüttn losrumpln —
pfeigrod waars hoit recht.

Des Hinum, des Herum,
des werd oan schier z'fad.
Kimmt d'Angst, ma kunnt kemma
auf d'Hüttn vui z'spat.

Der Herrgott werds wissn,
warum er grad di
lasst hatschn im Zickzack.
Auf d'letzt findst do hi!

AUF A OIDS KANAPE

Z'tiafst in Vorarlberg hint,
denk da, was i da find?
   A oids Gstell.

Hab lang rumgsuacht danach
bis ganz drom unterm Dach
   nach sölln Gstell.

Hat nach gar nix hergschaugt;
hat zum Eischürn kaam taugt
   des söll Gstell.

Siegst, grad weils scho so oit,
mir ganz bsonderli gfoit
   des söll Gstell.

Über d'Grenz hab i 's ghoit,
hab an Zoll dafür zoit
   für des Gstell.

Jetz is 's Hoiz frisch poliert
und der Sitz tapeziert
   von sölln Gstell.

Werd ma d'Arbat diam z'streng,
na' werd duslt a weng
   auf sölln Kanapegstell.

A ARMA TROPF

Wannst oid werst schee langsam,
lassts irgadwo aus.
Da koost hoit nix macha —
geh, mach da nix draus!

Der oane muaß d'Hand hi
zum Ohrwaschl hem.
„Ha", sagt er — und d'Antwort
geht dengascht danem.

Liest der ander sei Zeitung
im Großvatastui,
san d'Arm oiwei no z'kurz,
wann er s' streckt no so vui.

Des oiß kimmt ma oiwei
ois des Ärgst no net vür.
I sag, wann i nur net
mein R i a c h a verlier!

Hoitst 's Nagerl, a Rosn
vor d'Nasn mir hi,
i gschpür nix, weil i ohne
an Riachara bin.

Brat d'Gans in der Kuchl,
der Apfi am Herd,
raucht der Nachba sei Zigarrn:
mir is's Riacha verwehrt.

Taat fürs Lem so gern schmecka
des Heu auf die Wägn,
und von Limburg an Kaas, der
mir freindli kimmt z'gegn.

Kimmt 's Christkindl z' Weihnacht,
duftn d'Kerzn am Baam,
gspürts höchstns mei Nasn,
wann 's guat geht, im Traam.

Waar i gwen auf der Erdn
so a trauriger Siach,*)
ob i nacha im Himmi
vom Weihrauch ebbs riach?

*) = armer Tropf

SO MUASST AS MACHA!

A jedsmoi, wannst in d'Kirch gehst nei,
na bleib glei bei der Tür hint steh
   grod wia der Zöllnersmo!
Wanns ziagt, nimms hi als Sündnbuaß!
Schaug, vorn die Bänk san olle laar! —
   „Des geht doch mi nix o!"

Gehst aus Versehgn diam weita vür,
na pflanz di auf heraussd am Eck
   und hock recht broat di hi!
Gib ja net nach um gar koan Preis,
wann einirucka möchtn d'Leit —
   soin kraxln über di!

Am Eck heraussd vo jeda Bank
fürs Singa liegt a Büachapack
   für Mann und Frau und Kind.
Pass auf, dass koana oans dawischt!
Der Pack kannt dir im Weg umgeh —
   leg'n hoit auf d'Sitzbank hint!

Wann vorn der Pfarrer grüasst die Leit,
san oiwei bloss die andern gmoant;
   drum brauchst du nix drauf z'sagn.
Mitsinga — davo is koa Red,
wo doch die koite Kirchaluft
   dei Hois ko net vertragn!

Wanns kitzlt in der Gurgl hint,
wanns kratzt da drinn im Hois,
   na hoits no zruck a weng!
Huast di erscht aus, wann Predi is!
Kannt sei, na ziagt der Herr Dekan
   sei Sach net so in d'Läng.

A NEIS HAUS WERD GWEIHT

Wann d'Nachbasleit diamoi recht gmüatli
am Tisch in der Stubn sitzn zsamm,
na hoasst ma so ebbas an Hoagascht —
uroit werd scho sei der söi Nam.

Auf Bsuach soi der Herrgott heit kemma,
er soi uns am Tisch brecha 's Brot.
Soi segna oi Zimma und Kammern,
dass draußn bleim Kummer und Not.

Du Herrgott, soist sei der liabst Nachba,
mir ladn zum Hoagascht di ei.
Wann 's zletzt amoi hoasst vo da ausziagn,
na lass uns ins Himmireich nei!

BRENNT HATS

Es muass jedn Augnblick zwöifi schlagn.
Im Stiagnhaus in der Schui
da wart' die vierte Buamaklass
paarweis, bis 's is so vui.

Jetz endli hebt der Lehrer d'Hand:
nix ois wia naus beim Tor!
An Hansi von der letztn Bank
nimmt er si nomoi vor:

„Sag d'Wahrheit, Hans, lüg mich nicht an!
Schau grad mir ins Gesicht!
Warum hast gestern du gefehlt?
Entschuldigt warst du nicht!"

Wia 's Büabei redt, da hast eahm schier
an Schreckn no okennt:
„I hab an ganzn Tag mitglöscht.
Der Hof is uns abbrennt!"

„Das ist ein Grund, ich geb es zu.
Ein schrecklich Missgeschick!
Doch sag: Was hielt vom Schulbesuch
vorgestern dich zurück?"

Der Hans, der werd koan Deut verlegn;
des Bürschei sagt gradraus:
„Vorgestern hams mi braucht dahoam.
Da ham ma ausgramt 's Haus!"

GRUASS AUS WÖRISHOFEN

's koit Wasser, sagt scho Pfarrer Kneipp,
is ebbas Guats für Söi und Leib.
Drum lass ma 's uns a net verdriassn,
wann's tuat vom Himmi abigiassn.

Dazwischn drin a Glasal Rotn
hat Pfarrer Kneipp uns net verbotn.
Zweng dem — Herr Wirt, i taat schee bittn —
brauchst fei in' Wein koa Wasser z'schüttn!

A KIND KIMMT AUF D' WÖIT

An Juchza mächt i toa so gern:
koo d' Freid schier net verbeißn.
Doch hätt i Angst, daß ausm Schlaf
i kannt des Kindl reißn.

I taat ganz gern vor lauter Freid
an Mordstrum Luftsprung macha.
I trau mi net, weil 's Kind wacht auf,
wann d' Bodnbretta kracha.

Was bleibt ma no? I muaß mei Freid
im Herzn drin verstecka.
A staads Gebet zum Herrgott koo
des Kindl net aufwecka.

ZRUCK AUS DER KUR

Von Krumbad bin i kemma hoam,
bin glei zum Dokta ganga.
Die Sitzung hat, wias hoit so Brauch,
zerscht mitn Wiagn ogfanga.

Hab ghabt dabei, ganz offn gsagt,
a wengal a schlechts Gwissn.
Hab denkt: Die Schwestern ham
hoit kocht z'vui Leckerbissn.

Den Zoaga auf dem Zifferblatt
hots oiwei weida draht,
bis er bei Kilo zwoaradachzg
is endli gstandn staad.

Der Dokta sagat, wann i waar
a gwöhnlicher Patient:
„Mei liaba Herr, die Fresserei —
die muass jetz ham a End!

Muasst hoitn eisern streng ab morgn
drei Obsttäg in der Wocha,
und auf z'Mittag lass, liaba Freind,
an Wasserreis dir kocha!

Doch ois Prälat wui i dir gern
a rundlichs Bäucherl gönna;
ma soi di ja vo weitn scho
vo andre Leit wegkenna!"

AUF URLAUBSKARTN

Mei Häusl steht am Samerberg,
des is a Buckl kloa.
An Woid gibts da und Wiesn grea,
koan hartn Felsnstoa.

Im Häusl drom am Samerberg
hab i mein' Fried, mei Ruah;
schick meine Freind an Jodlergruaß
und guate Wünsch dazua.

+

Wo d'Spaghetti im Teller,
wo der Wein wart' im Keller,
wo broat dasteht der Schlern:
siegst, da bleibat i gern!

Aufm bucklatn Rittn*)
hab i aufgschlagn mei Hüttn.
Und grad schee is, wann d'Sonn scheint.
Grüass enk Gott, liabe Freind!

+

*) aus Oberbozen am Ritten

's Alpenglühn am Rosengartn
schaugt schee her auf dera Kartn.
Wuist as aba wirkli sehgn,
muasst zuvor vatragn an Regn.

Die Küah, die spiagln si im See.
Der Patscherkofl is voi Schnee.
Die Schwaibaln wetzn ihre Schnäbi —
und mir: mir sitzn tiaf im ... Nebi(!).

A VERSAL FÜRS GÄSTEBUACH

Vui Orgln hab i disponiert,
hab fleissi prä- und postludiert —
   's is gwen a scheene Zeit!

Ois Oida tua i Versaln macha,
auf boarisch bring i d'Leit zum Lacha —
   und hab dabei mei Freid!

„Boarische" Moritat

"BOARISCHE" MORITAT *)

Im Hochgebirg, wo grast die Goass,
da wächst und blüht das Edelwoass.
Es wehn die Winde zart und foan
ums Blümlein auf dem Felsgestoan.

Es abzupflücken kostet Schwoass,
der von der Stirne rinnet hoass.
Als er gesucht die Blume kloan,
brach sich schon mancher Hals und Boan.

Wie einen solchs Geschick eroalt,
sei euch in Versen mitgetoalt.

Ein Jägerbursch und eine Moad
die warn ein Liebespaar — zu zwoat.

Er hebt die Hand, schwört einen Oad:
„Zum Sterben selbst bin ich beroat!
O glaub es mir — bin ewig doan,
bring die vom Fels die Blume kloan!"

*) Zum Vorlesn gegn zwöifi!

Beim ersten Morgensonnenschoan
macht er sich auf, er ganz alloan;
steigt in die Wände, schroff und stoal;
hat nicht einmal ein Klettersoal.

Zuweilen ein Schluck Himbeergoast
ihm stärkend durch die Glieder kroast.
Doch wie zum Pflücken er sich noagt,
der Felsen sich als brüchig zoagt.

In seiner Not der Jäger groaft
nach einem grünen Latschenzwoag.
Der bricht entzwoa — er tut 'nen Schroa.
Er stürzt und bricht sich's Schlüsselboa.

Die Bergwacht rückt heran sogloach
und birgt des Jägerburschen Loach.
In seiner Hand — nun kalt und stoaf —
der Liebe Preis, das Edelwoaß!

Sie klagt indessen: „Liebster moan,
ich trage um dich Angst und Poan.
Die Stunde rinnt, die Zeit, sie schloacht.
Ist dir etwas passiert vielloacht?"

Die Bahre naht — es klopft — „Heroan!"
Das arme Mädchen hört man schroan.

Die Braut gar herzzerbrechend woant,
an des Geliebten Bahr geloahnt.
Bei beiden gabs nie Zank und Stroat;
drum um so grösser ist ihr Load.

Sie fällt in Ohnmacht, seufzet loas:
„Ach diese Hand, so kalt wie Oas!" —
Der Jägerbursche und die Moad
hat so der bittre Tod entzwoat.

Da er aus dieser Welt geroast,
bleibt sie zurücke, ganz verwoast.
Nun trägt sie, statt dem Hochzeitskload
ein schwarzes, das ihr viel zu woat.

— — —

Wo war der Dichter wohl dahoam,
dem dies entflossen, Roam auf Roam?
So hört: Das Lied vom Edelwoaß
geschrieben hat's ein echter — Proass!

Ois Zuawaag:
A neia Filserbriaf

An Frau Kati Filser   *Minken, im Hodell schwarzer Rabe,*
Landwirzgahtin   *am 20. Mai 1971*
in Hinterhaslbach Bost Zeilham Greis Dachau

Libe Kati!

Indem das sie heite im Maxmülianäum einen vaulen Dag machen, was öfders forkomt, ergreiffe ich die Gelegenheit und den Kugelschreiberling und lase wider einmal ein Schreiben an Dich hingelangen. Mir get es guht und ich bin in der Hofnung, das bei Eich daheim in Hinterhaslbach nix anders is als wie ich fon Eich vortgefaren bin.

Neilich haben sie, wie Du verleicht auch im Dachauer Folgsbodn gelesen wirst haben, dem Toma Ludwig sein Jubilöum geveiert und hat man da wider die Berihmtheit erfaren gekont, die wo es mit meinem Grosfadder Josef Filser seine Brife auf sich hat, wo der Thoma Ludwig als Filserbrife hat druggen lasen und damit ein Morzgschäft gemacht hat. Da drin kan man lesen, in was vir eine Weise so ein Abgeordneter fon der schwarzen Zendrumbardei seinezeid im Minchner Landtag mitregirt hat, wo noch ein stamesmassiger Kinig von Baiern auf dem Tron gesezt is und wo noch keine solchanen Gamler, Bornofotografen, Nudisten und anderes Kschwerl im Land herumzigeinert und die guten Siten ferderbt haben.

In begreifflicher Weise stinkt es mir dariber, weil mein Grosfadder, wo er doch die Brife mit seine eigane Brazen und filer Mihe geschriben hat, das Nachschaugn gehabt und wir, seine erblichen Nachkomen sozusagen die Teben sind. Aber die solen sich teuschen, die Batsi, die elöndigen! Ich, der kerzngradlienige Enkl von dem Josef Filser, hab es mir in meinen Dachauer Diggschedl hineingesezt, das ich es schon gescheiter mache. Eine solchane Ungerechtigkeit, die wo zum Himi stinkt, die derf ein zweites mal auf koinen Fal nicht mehr pasieren. Bei der lezten Landtagswal ham s mich nicht umeinsunst im Wallgreis Dachauer Mos für die CSU in das Landtagsbarlamend hineingewält, wo ich doch die schwartse Weltanschauigung fon meinem Grosfadder mit der Mutermuich geerbt habe.

So ein Abgeorneter fon der CSU, wo wir doch die meran sind — das ist Majoritsitet — macht da kein langes Gschis nicht: One anklopfen bin ich zu meinem Kolegen, zum Justitzminister, mit dem bin ich nehmlich ganz schbeziöl, in sein Amzbüroh hineingegangen und hab Erkundigungen hineingezogen, wie mir es mit dem Brifabdruggen eigendlich ham. Und hat diser in aller Freindschaftlichkeit gesagt: „Mein lieber Kolege Filser: Der die Brife schreibt, der bekomt auch die Tantimen — wo so fiel bedeitet wie das gescheftliche — von zwegn dem Diridari!"

Aiso, libe Kati, jez tue dir dein Orenschmoiz ausreimen und tue genau aufpasen auf jenes, welches ich Dir durch dise Zeilen zusage: Indem das es mein unumstesslicher Forsaz ist, das ich eine neie Vortsezung fon dene Filserbrife schwarz auf weis druggen lasen werde — der Dachauer Folgsbote macht es uns gwis biliger, wo wir doch seit Uhrzeiten gedreie Abonentenbezieher sind —, derfst du vom heitigen Dag an keinen Brif fon mir mehr wegschmeisen, wo ihn dann die Bezirgsmülabfur AG abholt und irgendwo im Mos drausd verramt. Auf gar keinen Fal die Brife nicht an den Haken hänken in dem Heisl drausden im Hof — ich hofe, Du verstest mich, auch wann ich um disen gewisen Ort herumrede wie die Kaze um den heissen Brei.

Heb alle Schreibebrife, die auf Dich hingerichtet sind, in einer Papendecklschachtl gut auf; am besten wird sein in meinem Nachtkastlschuber bei dene Pfandbrif und andere adfikatische Sachen, Impfschein, Militärbas und so weiter!

Weist, dann haben wir, wann wir einmal alt und zerbrechlich sin, eine ganz nete Zuschbeis zu inserer Bauernrente, die wo uns der Schiller in Bonn drobn eh nicht fergunt — und dem Kolegen Ertl aus Misbach, der wo uns an die EWG ferschachern mecht, drau ich auch nicht über den Weg hinüber.

Und insere Dachauer Mosbauern, die wo solchane Neidhameln san, die soln in zukinftige Zeit konschtatuirn müssen: Sixt, der junge Filser der hats hoit doch no faustdiker hinter die Orwaschln ghabt ois wia sein Grosfadder, der oite Bazi! —

Indem es aber eine oite Erfarigung ist, die Forsicht is die Muter fon der Bortselankiste, drumm tue ich noch dem birofreilein im Segredariat fon der CSU schene Augn machn, das sie mir mit so einem Abarat fon jedem Brif ein nadurgetreies Dublizitat macht, was sie in den schwarzen CSU-Dresohr hineinlegen soi zum aufhebn. Derfst aber net glaubn, ich hab mit der so ein Dechtlmechtl — das is nehmlich rein dinstlich! — und eine Bralinenschachtl, wo so ein süser Ligör drin is, werd ich der in goznam noch schenka derfn, wo du doch nix dagegen habn könen wirst.

Dises ist eine feste Abmachigung fon wegn der speteren Tantimen zwischen mein ehelichen Weib Katarina Filser und Deinem Dich mit herzlichem Grus grüsenden

Josef Filser

Am 15. Juni 71

Libe Kati!

Zu Begin dises Schreibens mus ich gleich mit der Dür in das Haus hineinfalen, wo es mir fon dem Toma Ludwig einvach ausgschamt forkimt, das er in die Filserbrife solchane, wia ma sagt, Intimidätn hineingedruggt hat, die wo unserm Grosfadder in der Minkner Großschdad pasiert sind, wo doch gar keine Notwendikeit nicht besteht, das die Leite ihre Nasn hineinsteken, wie sich der Filser Josef bei der Refüh im deitschen Theeader die Augn herausgeschaugt hat nach die nakatn Beina fon dene Dänzerina. Fon dem Schbrichwort fon die altn Lateiner „Disgrezion is Ehrensache" hat hoit der Toma Ludwig scheinbarli keine Anigung nicht ghabt.

Heite brauxt Du kein teires Geld nicht mehr ausgebn vürs deitsche Theeader, wenn Du was sehgn möxt. Heit ham mir ja die Minimode, wo untn nix is und obn net vui. Unsereina ois abgschandns, herangereiftes Mansbuid schaugt da gar nicht mehr hin, indem man fon dem Großschdadlebn schon ganz abgebrüt is wie eine frisch geschlachtete Sau.

Und erscht die unmoralischen Kinobuidln und die popoartign Kunstsachn, wo es Dir beim Hinschaugn die rote Schahm ins Gsicht hineintreibn täte, indem ich mich in meinem ineren Gewisen dazu aufgestachelt füle, das Du Dir in disen Bezihungen wegen meiner keine Angst nicht zu machn brauxt, was solchane Anfechtigungen des Großschdadsumpfs betrift.

Unter unserm CSU-Bardeikolegen Hundhamer Alisi, da hät so was gwis nicht sein gedurft, wo doch dem seine Walschpruchbarole gwesen is: Diser Sauschtal mus ein anderer werden!

Aber da kanst Du Dich darauf verlasen: Wir werden disen Umweltferdregglern samt Konsorzien schon noch daraufhelfen, das sie in keinen alten Schlapschuh nicht mehr hineinpasen — und die schwarze Merheid in dem bairischen Barlamend sol sich heimgeign lasn und in den Bodn hineinschama for der Obosizion, bal sie nicht schtrenge Gesezbeschlüse gegen die modernen Unmoralidädn und sonstigs Gschmeiß zum Beschlus bringt!

Indem ich Dir also heite ein Geständnis betref einer neien Bekantschaft zu machen feranlast bin, so brauxt Du mir in disem Fal keinen Schirhaggl nicht nachschmeißn und mich einen altn Halodri heißn, wo es sich doch um eine Bekantschaft one Anfihrungszeichen forn und hintn handelt, es ist nehmlich eine ganze Harmlosigkeit.

In disem Augenblik, wo es grad spanend werdn täte, sehe ich mich leider an der Weiterschreibung verhintert, indem ich jez zu einer wichtign Auschußsizung fon der Komision fir den deitschen Nazionalbark im bairischn Woid hinausmus, wo die wuidn Ficher frei herumlafn und wo der Professa Tschimek, oder wia der Kerl hoast, dauernd darin herumstochert.

Hofendlich gibt es da eine anstendige Brodzeit — fon wegn dem Abschtimungsergebniß!

Schlafe troz obigem Bekanntschaftzgeständnis gut, was ich Dir in meinem Herzen winsche.

Dein
Josef.

Am 26. Juni

Libe Kati!

Heite mus ich Dir gewisermasen mit einer Sauwuat in meinem Bauch ein Schreiben zukomen lasen.

Zu was brauxt denn Du neigirige Henna bei mein Hoddelbordiä im Schwarzen Raben zwegn meiner Bekanntschaft akrat um die Zeit hindelefonirn, wo der Bordiä auf die Anrufung fon unserm CSU-Tipfreilein past hat, der wo ich die Freikartn für die Oper Traum in der Sommernacht ferschbrochen hab fon so einem oitn englischn Dichta.

Und zu was braucht denn der dahmische Bordiä Dich akrat mit Freilein Grieshaber oder sogar mit Marile anredn? Deixl Äpfi und Birnbam: So war als ich dasteh, will ich tod umfaln, wenn hinter dene Freikartn mehr dahinter is, wie Du mit Deina vadorbnen Fantasi glei wieder glaubn mäxt!

Du derfst fei net fergesn, das insere Brife zukinftig ans Licht der Öfendlichkeit herforkomen solen, wo dann die Leite über Dich veruhrteilen: Dem Filser Josef junior sein Wei, das mus so eine miesdrauische Bisgurkn gwesen sein!

Mir kan es ja wegn meiner wurscht sein, wo ich doch in disem Verdechtigungsfal so sauber daschtehe wie einem neugebornen Bäbi sein Hinterteil.

Oiso, fergis bei diser Delefonverwexlung nicht diejenigen denkwirdigen Wörter, welche inser Toma Ludwig so gern im Mund herumgefihrt hat: „Schwoam ma s obi!" —

Nach disen Ausschweifungen von der Dagesordnung, wie man bei ins im Barlamend sagt, presirt es jez, Dir meine neie Bekannschaft deitlich zu machen, wo ich nehmlich mit einem ganzen Verein von Bekannte angebandlt habe und der heist: Minkner Domkor. Gel, Oide, da schauxt!

Wie ich Dir schon einmal mindlich ferzehlt habe, geht jedn Donnerschdag in der Pföizer Weinstubn am Frauenplatz ein Schafkopf zsam. So in prifat schpieln ja die Hakeleien fon die Bardeien miteinander wie im Maxmüllianäum keine

Role nicht, wo der Bresedent dan energisch hineingreiffen mus — und ferstehe ich mich beim Kartenschpilen mit dem Ullinger Xafer fon der SPD und dem Dokta Seiser fon der FDP recht freindschaftlich.

Wie ich am lezten Donerschdag abend wieder in die Pföizer Weinstubn hineingetreten bin, sagt die Rosali — dös is nehmlich die Kellnerin, wo an inserm Stamdisch die Bedinung ausibt — die zwei Schafkopfbrider ham heite wegen wichtige bolidische Sachn keine Zeit nicht. Der Seiserdokta, so hat s gsagt, mus auf am Podium im Fernsehen bei einer Disgusion disgutiren, wobei hofendlich das Bodium fon dem seine zwei Zendner net zsamakracht. Und beim Xafer handlt es sich um eine Brodestirversamlung wegen dene Juso, die wo dem OB Vogl das Gnak brechn tätn, bal s kunntn — die Dreghameln, die ganz auskochtn!

Ibrigens, betref der Rosali ist keine Feranlasigung nicht, das ich ihr schen tue — fir meinen tipp ist die zu wenig unterwaxn und auserdem schon bald Rentenempfängerin.

Aus diser Volgerung habe ich nicht hinumkönen, meine bar Haferl Dunkles mutersellenalein zu saufn und hat mir trozdem die Bauernblate (für zwei Bersohnen) auf dös Abendesen vom Hodell hinauf noch recht gut im Mund geschmeggt.

So uma neuni rumm kommt dan so eine lustige Geselschaft ins Lokal herein, haben ein bar Disch zsamgeruggt, wo ihnen die Rosali dabei gholven hat.

Scheints habe ich dene da driben derbarmt, indem ich gar so oaschichti dakokt gwesn bin, wie ein sogenantes verweistes Knäblein. Hat mir nehmlich einer von dene Heren mit Freindlichkeit einen Winkerer gebn, ich sol mich auf einen Schtul, der wo noch unbesesen gewest ist, zu ihnen hinsezen. Dise Einladigung ist mir ser simbadisch forgekomen und hab ich gleich mein Bir in die Hand genomen und mich darauf gesezt auf den freien Schtul. Und wie es die Zufäligkeit hat sein wolen, ist gleich ein Dischgurs in den Gang gekomen, indem einer auf dem Deggel fon meinem Stamdischkrügl die selbige Witmung vom Toma Ludwig vür meinen Grosfadder hineingrafirt derlurt hat. Und sie haben mich gleich ale als den jungen Filser begrist und hat die Freide noch eine Versteigerung bekomen, wie ich ihnen ferzält hab, wo ich doch meinerseits ebenvals Ögonohm und schwartser CSU-Barlamendarier vom Maxmüllianäum bin. Die haben gwis in ihrem Inern geschbant, was vür einen Buidungsauftrit ich in solchanen Kreisen an den Dag hinlegen kan — troz meiner Geburt im Dachauer Mos hinten. Es bleibt eben mein brintsibieler Grundsaz: Sep, benehme dir immer schtandesmaßi!

Am Büfä, wo ich mir dan meine gewönliche, wui sagn aus Gewonheit, eine fünfazwanzger Weise Eulenzigare geholt habe, indem ich mit meiner stinkatn Dabakspfeifn in dieser Gselschaft doch keine Schneid nicht ghabt hab, hat mir der Jaggl, der wo das Bir hinausschengt, zum ferdraulichen Or hineingsagt: „Dös san Sangesfreinde, die wo in dem Gardinahl seinem Dohm auf dem Kor droben singa!"

Grad fidöl is dan noch gwesn — aber das Du fei nicht meinen tust: nicht mit solchane Wize wie bei ins in Hinterhaslbach auf der Bost nach der Kirchn! — wobei ibrigens bei den Dahmen ein bar ganz strame dabei gwest sind.

Aus Gaudi haben sie mir die Frage forn hingelegt, ob ich ebba auch musigalisch bin. „Ja, a bisl schon", sag ich, „ich hab amoi im zweiten Weltkrieg im Heimaduhrlaub bei der Vronleichnamsprozesion die Paukn gschlagn, indem seinezeit nehmlich der oite Moar Sixtus fon der Kripe behaftet und die Betstad gehütet hat." —

Das Du sixt, wie die Weibsbuider sind: So eine Ratschkatl hat dises fon den gschlagenen Pauken gleich dem Schef zuawitratscht, der wo am andern Dischegg gsesn ist. Den haben sie Kabelmeister gennent und ist er ein foiner Her und stet ihm das Hochkinstlerische schon auf der hohen Stirn hinauf geschrieben.

Derselbe ist auch gleich auf mir zu und hat an mich die Frage erhoben, ob ich nicht Lust habe zum Mitsingen, wo es so allaweil ausbeist bei dem Mänermangel. Ich könt freilich efentunel als Barlamendarier keine Zeit nicht haben (es war seine Fermutigung) zu den Proben, wegen Bolidik und dem Regiren. Ich habe ihm aber dise Bedenknisse verstreit, indem mich der Landdag in dieser Sesion eh keinen Steggen indresirt, wo der Flugplaz nicht ins Dachauer Mos hineinegelegt und mir die gantse Gebizrevorm scheiswurscht is, in welchem Bezirgsamt meine Rindficher ihre Muich und meine Henna ihre Oar legn. Und habe ich ihn fon meiner Adresn und Hodelldelevon invormirt.

Oiso hat er mich vür den naxten Donerschdag for sexi hineingeladen, ich sol ihm meine Stim forsingen, obs mich brauchen könna.

Darauf ist noch eine lustige Schtimung gevolgt. Es sind Leite aus alen möglichen Schichtungen des Folkes dabei, wo ich beischbilshoiber einen Kemigstudirten, einen Bünentenor fom Nazionaltheeader und einen ausgedienten Schtadschulmeister aufzele. Am Schlus hat der Bresedent — er ist von der Tresderner Bank — mit mir als halbates

Mitglid angebrostet und haben sie zu meiner Erung sich und das Glas von den Sizen erhoben. Ich glaub, es is schon schier die halberte Miternacht herangekomen und habe ich mich aus Forsicht wegn die meranen Halbe fon einem Daxi in das Hodell heimfaren zu lasen entschlosen.

Nachschrift am 2. Juli

Libe Kati!

Indem das Du eine neigirige Henna bist, will ich Dich nicht länger auf der Folterbank hinaufschbanen: Das sie mich nehmlich auf Probe genomen haben!!

Zu dem Übungsahl habe ich one Beschwerde hingefundn, indem mir gleich danebn das Amzgricht geleifig is von dem Brozes mit dem Heinzenbauern Flori wegn dem Fusweg durch unsane Wisn — wo dan der Oberbriler Dokta, dem Flori sei windiger Adfikat, berufung hineinglegt hat und wir dem schon noch körig komen werden, dem Hadalump, dem hintervozign!

Am Anfang fon der Brifung, wo der Kabelmeister an einem Morzdrum schwarzen Klafir oder so enli gsesn is, hat es schon net recht guat hergschaugt: Habe mich schtil gewundert, das er mir (wo ich doch fom Blad heruntersingen gesolt häte) gar kein Blad nicht in die Hand hineingedruggt hat, sondern so ein blaubundns Gebetbüchl, wo mir glei vadechtig fürkema is. Und sol ich ihm Kerfers Numera 396 forsingen. Indem das ich aber bereiz unserm hochwirdign Hinterhaslbacher Bfahrer zhaus wegn soiche moderne Sachn schon sauber die Meinigung hingesagt habe, ist mir aus Konsigwenz nix erübrigt blibn ois dise Angesinung zu ferweigern.

Wie er mir dan auf dises hinauf die Basschtime fon so einem Bsalm ,,Lobet den Hern ale Lande". wo er selm kombosidiert hat, zum Singen gebn hat, ist eine neie Blamirung über mir hereingebrochen, indem ich nehmlich das Blad ferkert in die Hand genomen, wo ich doch zu seinezeit die Pauken auswendi (nachm Kör) nicht nach Nodn gschlagn hab.

Zum dritnmoi hat er mich mit groser Geduid ein bar Döne von ihm selba nachsinga lasn, die wo ihm zu gefalen gescheint haben, indem er sagte: ,,Ihr Maderial ist gut!" (Habe gar nicht gewist, das ich ein so guter Maderialist bin!)

,,Das andere", hat er gsagt, ,,lernen Sie schon noch, wenn Sie fest auf die andern Bazisten horchen!" Was ich auch tue in der zukumpft, indem ich mich in bescheidnen Grunzen halten werde — das ist eine Ferschreibung, die wo Grenzen heisen mus, und wo rechz fon meiner ein Oberstazbankkasirer (bereiz bangsionirt) und links hibei ein Gardrobenschneidermeister vir Heren (noch agdif) sizt, und ich in einer Duhr hinhorchen tue wie ein Haftlmacher, wegn Nodntrefen.

Und bin ich dan gleich in der Korprobe dageblieben, wo mich die oidn Spezi von der Pföizer Weinstubn nit einer freindlichen Begrisung in ihrer Mitn drin begrist haben.

Mit Freide ist es vir mich gewesen zu sechen, das es im Bunkt der Bingtlichkeit bei dem Dohmkor um keine Harbreite nicht beser ist wie bei uns im Barlamend, wo mit ganzer Gemitlichkeit der eine nach dem andern in die Dür hineinströmt und tröpfelnd zu seinem Schtul get — wo Du aber zwegn dem an keinen Schtulgang nicht zu denken gebrauxt.

Mit grosem Schtolz grist Dich Dein getreier

Josef
MdL und Probemitglid des MDK
(was bedeitet: Minkner Dohmkor)

Im Landdagsegredariat zMinkn,
am 8. Juli

Libe Kati!

Mus Dir in der heitigen Weiswurschtbause im Barlamend noch gschwind was midteilen, das wo wichtig is vom Dohmkor. Es bedrift den Bresedent (den von der Tresderner Bank), der wo als Reiseleitter schon auf eine lange Bewerungsfrist hinter sich rügwerz schaugt. Ist nehmlich ser zum bedauern und Schade, das diser schon zu schbinen angfangen hat betref der Fädn vür den Korausflug im heirigen Jar, wo er bereiz mit Bus nach Brixn zum Hinfarn fest in sein Auge gefast hat, mit Zubeschusung von seitn des hochwirdigen Hern Dohmbfahrers, und so meine Andragseinreichung nach Hinterhaslbach fir heier in dem Waser zeronen ist. Awa da konst Gifd drauf näma, Kati: Im nexten Jar wern wir es schon so hindeixln, das ihnen kein andrer Ausweg gar nicht ausbleibt und sie um Hinterhaslbach auf koinen Fal herumkönen, wo doch der Sahl vom Bostwirt schon heier zwegn der Olimpiagaudi ganz frisch ausgweiselt worden ist und die Zahl der Kalbshaxn vom Dohmkor gar keine Role nicht schbuit, auch inser Heimadkirchenkor schon seit anderthalb Jare mit groser Mihsamkeit bemiht is, den Kor fon dene Gfangana aus der berihmten Obberete von dem Ferdi Schusepl — oder wie er hoit hoast — hinzukrigen. Du weist scho, wo mir die Kramavonbladn dafon ham —, indem inserm Koregenten schon oft die Gale übergelofen und for Geduld der Fadn abgerisen und er am libsten mermalig den ganzen Grempl mitsamt dem Daktstogg hinterschmeisen wolen hätte.

Ich weis schon, wie ich der Sache den richtigen Hinaufschwung zu geben in dem stande bin: Nehmlich meinem Bardeischbezi, dem Schtraus Franzl, dem werd ich beim Keglscheiben an das Herz hinlegen, er sol bei dene da drobn in Bohn einen Zuschus vir den Dohmkor fon der Endwigglungshilfskasse herauskizeln, indem durch dises Hinausfarn nach Hinterhaslbach erschtens der Fremdnferker in der Dachauer Gegnd mit addragdifer Anzichungskraft um vile

Brozentner hinaufgekurbelt wird, und zweitens ein solchana Ausflug ein groses Drumm Forwerzschreitung auf dem Segtor fon der musigalischen Kuldurferbreiterung vir die unterendwiggelten Dachauer Mosfölker in sich bedeitet.

Und der Kirchenkor von Hinterhaslbach der rechnet schon heite eine Einladigung zu einer Gegenbesuchung nach Minkn zu einer hochen Ere an.

Indem ich jezt entlich mein Schreiben beschlüsse und ich am nextn Sonntag nach Brixn mit hinunterfare, wo sie keine so neimodischen Kerferssachen nicht auf dem Brogramm droben stehen ham, und wird Dich, liebe Kati, fon dort nebst Unterschreibung fon meinem Freind, dem Dohmkabelmeister, ebenso fon unserm weisgschopfatn oidn Orglschbiler, troz teirem Auslandbordo, herzlich begrisen

Dein getreier
Josef

Verzeichnis der Wismeyer-Bücher

Auf boarisch gsagt
Gereimtes
65 S., DM 3.80

*

Auf guat münchnerisch
Gereimtes und Ungereimtes
95 S., DM 4.80

*

A Büachal voi Versal
Gereimtes
98 S., DM 5.80

*

Aus dem Papierkorb meines Lebens
Kurzgeschichten
Mit Zeichnungen von Friedl Rasp
145 S., DM 8.80

Verlag Uni-Druck
Amalienstr. 83, 8000 München 40